LA VIVE FOY ET LE RECIT FIDELLE

de ce qui s'est passé dans le voyage de la Redemption des Captifs François, faicte en Alger par les Peres de l'Ordre de Nostre-Dame de la Mercy Redemption des Captifs, les mois de Mars & d'Auril 1644.

DEDIEE A NOSSEIGNEURS des Estats de la Prouince de Bretagne, par le R. P. Edmond Egreuille, Religieux Predicateur dudit Ordre, & Procureur General pour la Redemption en ladite Prouince de Bretagne.

A PARIS,
Chez LOUYS FEUGE', ruë des sept Voyes au College de la Mercy.

M. DC. XLV.
AVEC PERMISSION

A NOSSEIGNEVRS DES ESTATS DE LA PROVINCE DE BRETAGNE.

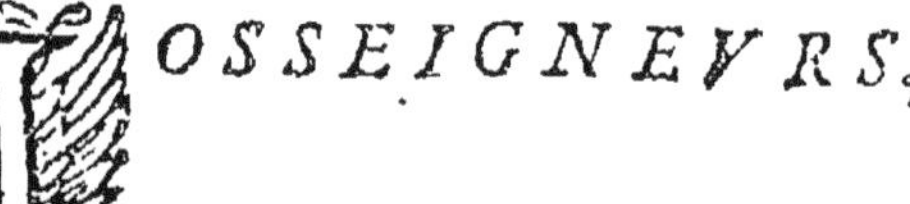

NOSSEIGNEVRS,

Les Peres Religieux de Nostre Dame de la Mercy instituës pour la Redemption des Captifs, qui se presenterent à vous aux Estats derniers en ma Personne, comme leur Procureur general, m'ont chargé de vous les representer encore icy, auec leurs tres-humbles Remerciements de la Pro-

messe que vous leur fistes d'auoir égard à leur Requeste: & loüent vostre Prudence d'en auoir differé l'execution, sur les contestations qui se trouuerent alors entre eux & les Religieux Trinitaires, pour l'employer auiourd'huy auec plus de fruict & de seureté. Ils ont despeché depuis, trois de nos Religieux en Alger, qui en ramenerent au mois d'Auril dernier cent cinquante cinq Esclaues: qui n'eussent peut estre faict que la moindre partie de leur Rachat, si les Peres de la Trinité n'eussent point vsurpé vos charitez sur eux contre les Reiglements du Roy. Nos Peres vous presentent cette Relation des benedictions particulieres qu'il a pleu à Dieu donner à leur zele, pour satisfaire à vostre Pieté: & vous coniurent par les entrailles de sa misericorde & la gloire de son Christ, d'auoir compassion des Captifs qui languissent Esclaues entre les mains des ennemis de son Nom. Les vingt-huict naturels de vostre Prouince que vous trouuerez compris en cette liste vous y conuient pour ceux qu'ils y ont laissé; Nostre Religieux qui y est demeuré en gage pour le reste des sommes de leur Redemption attend vostre secours, & peut estre plus de cinq cens ames, que les miseres de leurs Esclauage metrent aussi bien en peril de la foy que de leurs vies, beniront vos liberalitez. Tout nostre Ordre se prepare d'offrir en general à Dieu leurs vœux auec vos offrandes pour la prosperité de vostre Prouince, & vous en receurez ce tesmoïgnage en particulier, de la foible deuotion.

NOSSEIGNEVRS.

de Vostre tres-humble, tres-obeïssant & tres-fidele seruiteur.

F. EDMOND EGREVILLE.

Religieux de la Mercy.

LA VIVE FOY ET LE recit fidelle de ce qui s'est passé au voyage de la Redemption des Captifs François, faicte en Alger par les Peres de l'Ordre de Nostre Dame de la Mercy Redemption des Captifs, les mois de Mars & Auril 1644.

L'ORDRE de Nostre Dame de la Mercy, Redemption des Captifs, ayant esté institué l'an 1218. par vne reuelation de la sacré Mere de Dieu, laquelle apparut à trois persõnes de grande authorité & pieté, sçauoir Iacques premier Roy d'Arragon,

Sainct Raymond de Pengnaford de l'Ordre des Iacobins son Confesseur, & à S. Pierre Nolasque qui estoit comme le Grand Escuyer de sa Majesté, & leur manifesta que l'intention de son Fils & la sienne estoit qu'on instituât vn Ordre sous son Nom, qui par vœu trauaillasse à la Redemption des Captifs. Cette vision estant de grand poids auoit besoin d'estre communiquée, le Roy assembla le Clergé de Barcelone & les plus principaux de sa Couronne, fit proposer ce qu'il auoit veu, ce qu'il auoit entendu, & soustenu qu'il estoit de ces deux grands Personnages, eust bien tost resolu sous le bon plaisir du Pape l'establissemẽt de cet Ordre. Sainct Pierre Nolasque Gentilhomme François de Nation, nay dans le Diocese de S. Papoul, en vn lieu appellé apellé le Mas de sante Puelles, comme François monstra auoir le cœur genereux, & de libre qu'il estoit voulut estre le premier esclaue de cet Ordre, & fut assisté de sept ou huict Gentilshommes, qui poussés de pieté & de son exemple accepterent l'habit de Nostre Dame de la Mercy, & firent vœu de racheter les Captifs, de trauailler puissamment pour leur liberté, soit par leurs soins, leurs biens & leurs vies. Fondez qu'ils estoient sur la plus haute charité, qui piquant leur cœur de compassion des peines que souffrent ceux que la tyrannie des infidelles tient sous vn dur esclauage, & en mesme temps de tendresse & desir de les soulager en leurs peines.

Ces grands Religieux ne mirent pas long-temps à mettre en execution ce vœu essentiel, qui est le quatriesme de l'Ordre, qui porte que les Religieux s'obligent d'aller en Barbarie, & là de demeurer en ostage pour la liberté des Captifs, en cas de necessité. Et cette necessité s'explique, qu'en cas qu'vn Captif Chrestien ne pouuant souffrir les tourments, veuille nier sa foy & embrasser la fausse loy des Turcs, pour lors les Religieux qui sont en ces pays infidelles pour faire le rachapt, sont obligés par vœu, si l'argent leur manque, de demeurer en la place de cet Esclaue penchant & prest à tomber, pour sauuer son ame, embrassant en cela de cœur & d'affection ce que dit Nostre Seigneur à ses Apostres, que qui que ce soit ne peut auoir vne charité plus noble & genereuse que d'exposer sa vie pour celle de ses amis. Cet Ordre ayant receu la confirmation du S. Pere, receu de grands priuileges de sa Sainctete & des Roys, a exercé pōctuellement cette charité de la Redemption des Captifs. De nommer toutes les Redemptions, qui ont esté faictes depuis son establissement, ce ne seroit pas vn petit liure, il faudroit vn volume.

De vous parler de celle qu'vn Religieux François fit à Salé, ville dependante du Royaume de Maroc, en l'année 1631. où il demeura prisonnier pour la rançon de dix neuf Esclaues François, lesquels apres leur liberté il amena à Paris où ils furent receus Processionellement par les Religieux du mesme Ordre, outre que cette action a esté visible aux yeux des peuples, il ne faut que voir les certificats du sieur du Challard, pour lors comme Ambassadeur de sa Maiesté vers le Roy de Maroc, &

du ſieur de Hallary Capitaine de la Marine, natif de Roſco en baſſe Bretagne.

De vous parler de celle que les Religieux de cet Ordre firent l'an 1633. de 45. Captifs qu'ils ramenerent de Salé, cette Redemption a paru en ſon temps, auec autant d'eſclat que de gloire pour cet Ordre.

De vous parler auſſi de celle que les Religieux de cet Ordre firent l'année 1634. au nombre de quatre-vingt dix-ſept qu'ils allerent preſenter aux pieds de ſa Sainteté, qui raui de ioye & de pitié donna ſa Saincte Benediction à ces pauures deliurés, & les fit nourrir trois iours, la relation en a eſté veuë à Paris, dans le meſme temps que la nouuelle en vint de Rome.

Mais il eſt raiſonnable, & il y a de

la gloire de Dieu & de la Vierge fondatrice de cet Ordre, qu'ō ſçache ce qui s'eſt paſſé de cet Auguſte Redēption que l'on a faite l'année paſſée de cent ſoixante trois eſclaues François par les Religieux Frāçois de cét Ordre, qui pouſſez du meſme zele & de la meſme pieté & charité que leur premier Pere ſainct Pierre Nolaſque, dont le prototype eſtoit celuy qui le premier a eſté le Redempteur des hommes.

Les Superieurs de cét Ordre apres auoir enuoyé des Religieux aux Prouinces qu'il a pleu à ſa Majeſté tres-Chreſtienne leur aſſigner pour faire les queſtes pour vn œuure ſi charitable, & ayant amaſſé les ſommes qui eſtoient fort modiques, appuyez ſur la prouidence de Dieu & ſur la Charité, pareille à celle que dépeint l'Apoſtre, ordonnerent trois Religieux pour aller en Alger, sçauoir les Reuerends Peres Frãçois Faure & François Faisan Bacheliers en Theologie, & Sebastien Brugiere, tous trois Prestres, qui ayant receu lettres & passe-ports du Roy en bõne forme & de Monsieur le Duc de Brezé Admiral des mers, & General des armées nauales de sa Majesté, & la Commission de l'Ordre, apres beaucoup de risques & de trauaux tant sur mer que sur terre, sont arriuez en Alger, & ont racheté le nombre des Esclaues cy-dessus mentionnez, ainsi qu'on verra par le rapport fidelle tracé dans ce cahier.

Ces trois Religieux ayans esté deputez à cet Auguste exercice du rachapt des Esclaues Chrestiens detenus dans les terres d'Alger, se rendirent à Marseille le 9 Decembre 1645. où ils furent obligez d'attendre iusques au second de Feurier, soit pour attendre les sommes qu'on leur faisoit esperer, soit pour les peines & trauerses qu'ils eurent au nolisement de la barque (les ennemis iurez de cet Ordre sacré que la discretion empesche de nommer) faisant leur effort à ce qu'il n'en trouuassent point. Enfin nonobstant ils en trouuerent vne qui fut bien chere, puisque d'vne moitié ils furent obligez de payer trois cens vingt cinq piastres, sans compter les droicts d'entrée & sorties, consulats, & autres fraiz qu'ils doiuent payer en Alger.

Ce marché estant arresté auec le Patron, & le temps de partir estant determiné ils s'embarquerẽt le 2. de Feurier apres auoir rẽdu leurs vœux à Dieu, & leur hommage à leur chere mere & maistresse la tres-sainſte Vierge, de laquelle heureuſement on celebroit la feſte de la Purification, accompagnez de quatre Peres Auguſtins du grand Conuent, qui pendant leur ſejour les auoient hebergez chez eux auec vne charité incroyable, firent voile ſur les deux heures apres minuit du troiſiéme iour eſtant vn peu auancé en leur route ayant leué la Meſtre ſon Anthene ſe couppa, ce qui eſtonna les Matelots, qui implorerent le ſecours de ſaincte Anne, à laquelle ceux de la Prouence, comme ceux de la Bretagne, ont vne particuliere deuotion en leur nauigation, & la prierent de conſeruer le reſte. Leur eſtonnement n'empeſcha pas de continuer leur route, ſe ſeruant de la miſene, & dans cet eſtat ils coururent cinquante mille auant dans leur route, mais la mer s'eſleuant

uant de plus en plus & le vent se rafraichissant leur Anthene du treu ou Missene se couppa en deux, dont la cheute des pieces & des voiles pensa faire tourner la barque, & tuer trois ou quatre Matelots. Ce fut là ou on redoubla les vœux pour obtenir les faueurs de saincte Anne implorée, à laquelle la barque auoit esté dediée. Le mauuais temps s'appaisa, & ce fut vn coup de la prouidence de Dieu, car s'il les eust pris plus auant, le naufrage leur estoit ineuitable, veu que les Patrós, quoy qu'experimentez en leur art, estoiẽt hors de consolation, de sorte qu'il fallut relascher vers Toulon, esloigné de quatre-vingt milles du lieu où ceste fortune leur arriua, & cet accident les rendit plus sages & mieux aduisez, accommodant le vaisseau à neuf de ce qui estoit necessaire à leur nauigation.

Ils arriuerent le lendemain à Toulon sur les neuf à dix heures du matin, & n'eurent pas plustost mis à terre qu'ils voulurent recognoistre par leurs actions de graces les faueurs qu'ils auoient receuës de la bonne Vierge & de sa saincte Mere. A cet effect lesdits Peres Religieux accompagnez de la plusspart de ceux de la barque s'acheminerent pieds nuds, obligez à ce vœu, à vne Chapelle bastie à sa gloire nommée nostre Dame Dentre-vignes, où les mesmes Religieux vouloient celebrer la Messe, mais n'y trouuans pas des ornements, firent leurs prieres, & ne voulans pas passer ce iour sans offrir Dieu à Dieu mesme, furent aux Peres Capucins, où tous trois dirent la Messe, & apres se retirerent dans vn logis pour prendre le repos qu'ils auoient perdu la nuit precedente.

Le lendemain 4. dudit mois, ils furent accompagnez de tous ceux de l'equipage & de leur famille dire la Messe à vne Chapelle dediée à saincte Anne, remply de vœux que les Matelots y rendent en actions de graces : & apres leurs deuotions se retirerent dans la barque pour s'en seruir comme d'vn Cloistre, & y faire les exercices de Religieux.

A la verité ils vescurent dans vn grand calme au port de Toulon: les Matelots impatiens de demeurer les bras croisez ; & dans la crainte que ce retardement ne leur causât la perte de l'employ qu'ils s'estoiēt procurez à leur retour dans l'armée nauale de nostre Roy, les obligea de faire presenter la prouë à la mer, & essayer de passer dans le Golfe de

Lyon qui leur auoit esté si contraire leur depart de Marseille, mais ils le trouuerent plus en colere que iamais, & inaccessible encore à ce coup, ce qui les obligea de relascher pour la seconde fois, & de moüiller l'ancre à demy lieuë au deça de Toulon iusqu'au Dimãche matin que les Peres se firent porter à terre pour dire la Messe, apres quoy ils retournerent en la barque, & le vent se rendit bon pour la route, & continua si bien, que le Lundy matin tous les Matelots se rendirent au bord, & apres auoir chanté les Litanies de la Vierge, l'Antienne de sainct Pierre Nolasque leur premier Religieux, & demãdé leurs secours en ce voyage, on leua l'ancre, on mît en mer, & firent vn assez bon sillage, sçauoir de six vingts milles, depuis sept heures du matin iusqu'à cinq heures du soir, tousiours vent en poupe sur le soir. L'ennemy des bonnes & sainctes actions portant enuie à leur bon-heur, & voyant qu'vne trop prompte arriuée en Alger luy pourroit rauir beaucoup d'ames qui estoient à moitié dans ses reths, ou plustost Dieu le permettant ainsi pour esprouuer les cœurs de la constance de ses Religieux contre les bourasques de cet element inconstant, & les obliger d'auoir tousiours les yeux tournez vers sa bonté, le vent se tourne, la mer se grossit & semble vouloir engloutir la barque: Les Matelots pour lors taschans de resister à la rigueur, changent les voiles pour ne luy donner pas tant de prise; mais la barque n'ayant point de deffences ses garde-coups estans fort bas. Vne manmure enleue vn des Matelots, & le meilleur de l'equipage, soit pour l'intelligēce qu'il auoit de cette Mer, soit pour la cognoissance des terres, soit pour ses bonnes mœurs & pour la modestie qu'il marquoit en toutes ses actions, & se noya apres auoir combattu les flots pendant vn gros quart d'heure sans qu'on luy pût donner secours.

C'est à ce coup que ces pauures Religieux & les plus adroits Matelots le croioient tous suiure, car ce coup de perte donna si auant dans le cœur de tous ceux de l'equipage, que depuis le plus grand iusqu'au plus petit ils laissent leurs maneures, le Pilotte son gouuernail, les Matelots iettent les barrils à conseruer de l'eau dans la Mer, pour donner le moyē à quelques vns de se sauuer, les Patrons demandent des haches & des cousteaux pour couper les cordages qui tiennent la chaloupe pour mettre en Mer, & adiouſte à cela les coups de Mer coup ſur coup dans la barque, le roulis de laquelle eſtoit ſi rude, qu'il deſtachoit les queſſes quoy que bien attachées, bref on n'entend que des cris pitoyables, on laiſſe la barque à l'abandon des vagues, & on ne minute rien moins qu'à ſe ſauuer, s'imaginant que la perte de ce ieune homme doit eſtre accompagnée de toute celle de l'equipage, tous crient miſericorde, & pendant ces cris les Religieux taſchent à ramener ces gens les vns apres les autres, les remettans chacun à leur Mamure, & ſuiuent leur route, & guarantis de ce coup ils chanterent des prieres pour ce pauure deffunct, & meſlans les larmes auec les prieres, remercierent Dieu de ce qu'il les auoit garantis du naufrage.

La nuict dans ce temps les surprend, & n'aprehendant plus tant la Mer que la terre approcherent des Isles de Maillorque & Minorque, quittent toutes leurs voiles & ne portent que le petit Trinquet, pour tenir vn peu la barque en estat. La nuict s'estant vn peu escartée, l'Aurore leur fut fauorable, promettant le iour, qui arriué leur fit descouurir vn Corsaire, qui leur donna la chasse pendant quelque heure, ce qui obligea les Matelots de mettre toutes les voiles hors, si bien que ce Corsaire voyant que ses aisles n'estoient pas si fortes que les leurs, il prit vn autre bord & les quitta, & quant & luy ce peu de calme qui leur auoit si bien aydé à fuir, qui donna place à vn orage qui leur fit changer de voiles & remettre le Tru & Gabi, ils continuerent la iournée & la nuict du quinziesme dans vne continuelle bourasque, de gresle, de pluye, de tonnerres, de brouïllars si espais, que les Matelots ne sçachans où ils estoient ont recours à saincte Claire, demandans en sa faueur du iour pour descouurir le iour où ils estoient, auec promesse que firent les Religieux de dire Messe au premier lieu où ils se trouueroient.

Le Ciel pressé de leurs vœux, & Dieu touché de pitié de leurs afflictiõs, leur enuoia le calme le matin, auec vn petit vent frais, qui leur ayda à remettre leurs voiles, & à gagner le port de Bougie, esloigné de cinquante lieuës d'Alger, que le mauuais temps leur auoit faict passer.

Ils prirent donc port dans Bougie, lieu qu'ils reuererent de cœur &

d'affection, pour auoir esté le theatre où l'vn des Bien-heureux Peres de cet Ordre sacré respandit son sang pour la Foy de Iesus-Christ, c'est à dire que cette ville a esté le lieu où S. Pierre Armengol Religieux de Nostre Dame de la Mercy, souffrit vn double martyre, la premiere fois il fut pendu, à cause du retardement de l'argent que ses Confreres auoient promis de porter, pour le payement des Esclaues qui auoient esté deliurés, & pour lesquels il estoit demeuré en ostage, duquel martyre il fut deliuré par merueille, la sacrée Vierge luy estant fauorable, empescha que la corde coupast le fil de sa vie, & le soustint par les pieds esleué pendant le temps de trois iours, que les Peres qui apportoient sa rançon arriuerent : & la seconde fois il fut bruſlé tout vif, pour auoir conuerti le Roy de ce pays, & qui depuis fut Religieux Profes de ce diuin Ordre, & fut nommé Frere Iean de ſainƈte Marie: ſa famille & beaucoup de ſes ſubiets receurent auſſi le Bapteſme & la Foy de ce ſainƈt Armengol: en ſuitte de ſon martyre ſon compagnon fut crucifié.

Dans ce port milles inquietudes ſe ſaiſiſſent de leur cœur, & leur eſprit fut combatu de diuers ſentiments, ils ne ſçauoient s'ils deuoient mouïller l'ancre ou s'ils deuoient mettre en Mer; mais ce qui les ſurprit dauantage, fut la deſcouuerte qu'ils firent d'vn Nauire d'Alger, conduiƈt par vn Corſaire Renegat François, natif de Bayonne, qui d'abord qu'il les euſt apperceu, penſant faire ſa proye de ces Champions de Ieſus-Chriſt & de leur equipage, met ſa chalouppe hors, l'arme de quinze á ſeize Rammes, auec autant d'hommes, plus barbares qu'humains, pour ſçauoir de pres quels ils eſtoient & d'où ils venoient: dans cette perplexité ſe reſolurent de parler à la ſentinelle du Chaſteau de Bougie, qui de la part du Gouuerneur les aduertit d'auancer, & de ne ſe ioindre pas de ſi pres à vne ſi mauuaiſe compagnie.

Il eſt bien aſſeuré que Dieu ne delaiſſe iamais les ſiens, ces bons Religieux ſortent du bord, demeurent vingt-quatre iours dans Bougie, careſſez & traitez par ceux de la ville, qui ſe rendoient de barbares charitables, voyans & conſiderans leur zele, tandis que la Barque eſtoit au port agitée d'vne continuelle tempeſte, vents impetueux, & d'vn tẽps extraordinairement mauuais. Pendant leur ſejour, on donna aduis à ceux d'Alger qu'ils eſtoiẽt arriués en ce port, où le mauuais tẽps les auoit portés, & qu'ils eſtoient dans le deſſein d'y aller au premier beau-tẽps, pour y faire rachapt des Eſclaues François ; mais le mauuais temps continuë touſiours & auec tant de violence, que deux gros Nauires d'Alger, qui eſtoient venus en ce quartier là pour changer les garniſons de Bougie, de Gigeri & de Bonne, perdirent leurs Ancres, furent contrainĉts de coupper leurs Mats & ietter leurs canons pour leur ſeruir à tenir leur Vaiſſeau, & infailliblement s'ils eſchapperent dans ce notable danger, ce fut par les prieres que firent les pauures Eſclaues François qui eſtoient dedãs, que Dieu exauça & qu'il conſola, par la liberté qui leur fut donnée si-tost qu'ils furent arriuez.

Pendant ce mauuais temps le bruict court en Alger qu'à leur depart de Bougie, où ils estoient encore, ils s'estoient eschoüés, & auoient perdu les tresors qu'ils portoient (qu'ils estimoient plus grāds qu'ils n'estoient pas) le General des Galeres, le Cheleby dit Pychelin, plus chaud à la proye qu'vn Tygre affamé, se resoluoit d'enuoier vne de ses Galeres pour sçauoir des nouuelles asseurées, lors que ces bons Peres paroissent comme des Ionas sortis du ventre de la Mediteranée. A leur aspect & à leurs approches, toute la ville d'Alger est en ioye, tout le monde se resiouït, les Turcs & les Chrestiens: les Turcs sous l'esperance d'auoir de l'argent, les Chrestiens de r'auoir leur liberté: soudain qu'on eust mouïllé l'ancre, ils furent abordés d'vne Chalouppe Turque, dans laquelle estoit la Garde du port, pour receuoir les voiles de la Barque, de peur de quelque fuitte premeditée, (à ces bős Peres n'auoiẽt iamais pensé,) le Truchement, le Chancelier & le Consul de la Nation Françoise estoient aussi dans la Chalouppe, qui apres vn reciproque salut, les firent entrer dedans pour les conduire à terre, les mener à la ville pour faire leurs premiers compliments aux personnes de la plus haute consideration, comme au Bacha, General des Galeres, le Laga, le Grand More &c. Apres ces deuoirs rendus, ils furent conduits dans la maison du Consul, qui leur auoit preparé le disné, auec autant de splendeur & de magnificence que le pays le pouuoit permettre, ny luy, ny ses gens, ne furent pas maistres de ses portes, chez luy il n'y auoit que des processions continuelles des pauures Esclaues, & ce repas fut souuent interrompu par les baise-mains & salutations que les barbares mesmes venoient rendre à ces Peres.

Mais cependant que les vns leur rendoient des honneurs, les autres vont dedans la Barque, fouillent par tout, ouurent les coffres, les caisses, remuent tout sans dire mot à leurs gens, par vn secret incognu, mais depuis euanté, c'est que le Chelcby General des Galeres, les crût sursurprendre, sur l'aduis qu'il receut (d'vn des aduersaires de leur Ordre pour lors en Alger) qu'ils portoient quarante mille escus, qu'vn Grand Seigneur de France auoit legué pour le rachapt des Esclaues: la fourbe de cet ennemi picqua d'autant plus

plus le Chelcby que les bons Peres ne luy manifesterent que deux mille escus, & s'imaginant qu'ils le vouloient tromper, & qu'ils auoient caché cette somme pour éuiter d'en payer les neuf & demy pour cent suiuant le traicté qu'en auoit fait le Pere Lucian Trinitaire à son voyage precedent, chassa leurs gens de la barque & y mit des gardes, qui firent des choses estranges, car ils leuerent le lest, percerent les bariques d'eauë & de vin, desmonterent iusqu'au foyer, mais leur malice les aueugla tellement qu'ils n'apperceurent pas vne vingtaine de piastres que le Patron auoit mis parmy les cendres : satisfait de ce bouleuersement pour la descouuerte de ce thresor incognu, & estonné de la fourbe & du faux rapport de ce petit, mais mal entendu prophete, peu s'en fallut qu'il ne le mist à la cadene.

Cela fait, il fallut venir au traicté pour le rachapt de ces pauures malheureux : le Cheleby fait appeller ces bons Religieux, leur demande ce qu'ils pretendoient faire : Ils luy firent response, qu'ils n'estoient là que pour recognoistre le pays, & voir s'ils estoient gens de bonne foy, & si à l'aduenir le trafic leur seroit permis auec eux, & que dans ce dessein qu'ils auoient conceu auant que partir de France, ils auoient eu ordre de Monseigneur le Duc de Brezé de traicter de l'eschange des Turcs qu'il auoit pris l'année passée, auec ceux de ses equipages qui furent pris peu auparauant sur l'Hopital de l'armée Nauale de sa

Majeſté tres-Chreſtienne. Alors le Cheleby iugeant qu'ils feignoient leur deſſein, leur repartit bruſquement que ſes Eſclaues valoient de l'argent, & qu'il en pretendoit de groſſes ſommes, mais que pour les Turcs dont il eſtoit queſtion, il n'en falloit point eſperer l'eſchange, pource que la pluſpart n'auoit pas vn Aſpre vaillant, qui ne vaut qu'vn liard, & que s'ils n'en venoient à quelque autre traicté, ils ne s'en retourneroient pas trop ſatisfaits, & pourroient ſe repentir de ne pas agir d'vne autre façon auec luy.

Ledit Cheleby leur donna terme quelques iours pour penſer à ce qu'ils deuoient faire, ou pluſtoſt à ce qu'ils pourroient faire. Quelques iours escoulez pendant que les pauures Religieux souffroient estrangement de crainte de s'en retourner sans Esclaues, ou d'vn extreme engagement; La Charité les emporta, & ne pouuant laisser le sang de leur Maistre captif, ne peurent esuiter de s'engager d'vne somme notable.

Le Cheleby les fit r'appeller, & leur demanda s'ils auoient pensé au traicté dont il leur auoit parlé, qu'il falloit qu'ils se pressassent à faire leurs affaires, parce que les Galeres estoient sur leur depart, & si elles estoient vne fois en mer, ils ne pourroient partir de trois mois (car c'est vne coustume en ce pays, que lors que les Galeres sortent, il n'est pa-

permis aux vaiſſeaux eſtrangers de ſortir d'vn mois auant, & de trois apres.) Ces pauures Religieux luy repreſenterent le peu d'argẽt qu'ils auoient, qui n'eſtoit pas capable de payer les droicts des portes pour vne ſi grande quantité de monde, & que pluſtoſt qu'ils s'engageaſſent à vne ſi groſſe ſomme il les prit pour ſes Eſclaues, & donnaſt la liberté à tous ſes gens. Ils demeurerent long temps dans ce combat, alors il leur dit, qu'ils ne s'eſtonnaſſent pas pour de l'argent, qu'il en auoit pour eux, & qu'il ne falloit que conuenir de prix : Il leur demanda vne ſomme immenſe qui eſtõna les pauures Peres à tel point, que luy ayans fait entierement refus, ſe retiroient pour recommander l'affaire à celuy qui les protegeoit, qui eſtoit Dieu. Il les fit r'appeller pour cõclure qu'il leur falloit donner de chaque teste cent cinquante cinq piastres, contant le droict des portes qui est de trente piastres par teste, qu'autrement il leur feroit perdre leur Barque, leur argent, & leurs personnes. Necessité n'ayant point de loy, & d'ailleurs la charité les emportant, le traicté fut bien-tost conclud.

Ce traicté fait de l'equipage, ils conclurent bien-tost le rachapt de ceux qui auoient fourny quelque argent à l'auancement de leur liberté, & d'autres dont la misere donnoit de la pitié, parmy le nombre desquels il leur en fallut prendre huict par force, desquels ils ne pouuoient pretendre aucune maille, & qu'on leur fit acheter à deux cens piastres la piece: sçauoir deux du Pacha, deux du Diuan, deux de la

Doüane, & deux du grand More, encore au choix des Barbares. Dans ce traicté ils furent encore troublez par des particuliers pour des gens de l'Hospital, car quoy qu'ils eussent esté d'accord auec le Cheleby, & qu'ils fussent censez à eux, quelques Barbares interessez en la personne de quelques Turcs de leurs parents qui estoient à Toulon dans le nombre de ceux qui furent pris par le sieur de Brezé, ils se saisirent entre autres du Medecin pour lequel il leur falloit respondre de cinq cens escus; d'vn R. P. Cordelier Aumosnier sur l'Hospital, pour lequel ils furent obligez de donner vn Capitaine, & pour le Chirurgien qui fut saisi par vn fol, autrefois Laga, vne des principales dignitez qui soit parmy les Infidelles, pour lequel il fallut s'engager de luy rendre son fils qui estoit à Toulon, & de la façon contenterent ces particuliers.

Mais si le Cheleby est content, si ces particuliers sont satisfaits; le Maistre gronde, le Bacha veut auoir part au gain, & demande sa part de l'argent, il enuoye vne de ses gardes appeller le truchement auec cómandement de les amener: Ils allerent alors au Chasteau à couuert des aisles du Cheleby. Ce Bacha d'abord se met en colere, dit qu'ils auoient changé les loix & les coustumes, qu'ils deuoient prendre vingt de ces esclaues. Ils respondent à cela qu'ils en sont releuez par le traicté nouuellement fait par le Diuan, & que luy payant sa part du droict des portes ainsi qu'ils auoient fait, comme il apparoissoit par le passe-port qu'ils auoient receu, il n'auoit pas subiet de se plaindre d'eux;

d'eux, il proteste au Truchement & Consul de leur depart : on court promptement au Chleby pour li y faire le raport de ce qui s'estoit passé, il s'en mocque, rasseure ses pauures Religieux & bannir la crainte de leurs cœurs, il se rit du Bacha comme d'vn homme qui n'en portoit que le nom sans l'authorité, & leur commanda qu'ils se tinssent prests à partir le lendemain le 16. Auril iour de Dimanche.

La ioye commence à paroistre sur le visage des Esclaues libres, ausquels ils auoient donné aduis du depart & à qui la nuict fut plus longue que d'ordinaire, & l'Aurore n'eust pas plustot dissipé les tenebres & faict voir son œil esclatant, qu'ils se rendent tous à la porte des Peres Redempteurs, pour les conduire au Baigne du Cheleby, où ils celebrerent la saincte Messe, les obligeant au prealable de se Confesser tous, de demander pardon à Dieu des offenses qu'ils pouuoient auoir commises dans ces terres, & implorer les faueurs de sa Diuine Maiesté pour reuoir celles de leur naissance, ce qu'ils firent auec vne grande deuotion, qui donna au cœur de tous ceux qui restoient. De là ils furent prendre leur repas, pour venir reprendre les Religieux, & tous ensemble aller demander congé au Diuan, qui d'abord s'estonnant de voir cette troupe nombreuse, s'imagina qu'ils emmenoient tous les esclaues & qu'on les mettoit en estat de laisser leurs terres incultes, (parce que ce n'est que par le trauail des Esclaues qu'elles sont renduës fecondes.) Le Cheleby qui faisoit pour ces Peres, ou plustot pour luy, le deſabuſa. Ce Diuan enragé trouue vne autre difficulté, capable en apparence de les arreſter, ſçauoir le depart des Galeres: le Cheleby parc encore ce coup, & aſſeure que la Barque qui part eſt ſienne, auſſi-bien que les Galeres, & qu'ainſi ne ſoit ſon Iuif eſt dedans, qui vient receuoir les ſommes dont les Religieux ſont engagés, & pour leſquelles ils ont laiſſé le R. Pere Sebaſtien Brugiere pour cautiõ & oſtage. Vaincus de ces reſponſes il leur donnent congé & depute vn des principaux de ſa Cour pour faire la viſite de la Barque, & voir s'il n'y auoit pas quelqu'vn au delà du nombre qui auoit paru à ſes yeux.

Ces deux pauures Religieux triſtes & ioyeux tout enſemble, triſtes de laiſſer là leur Frere en oſtage, ioyeux de remporter ces ſainctes despoüilles, & le rachat du precieux sang de Iesus, s'en vont, les Chalouppes les viennent receuoir à la foule, mais les Esclaues libres impatiens de se voir hors de ces terres estrangeres, n'attendent pas qu'elles arriuent à terre, mais se iettent à corps perdu à la nage pour se rendre plustost au bord de la Barque, d'autres se iettent à la foule dedans les Chalouppes, & renuersent leurs compagnõs dans la Mer, sans dessein pourtant de leur faire du deplaisir, tout ce mal se terminant à changer quãd ils seroient dans la Barque. Parmi cette confusion si grande à la veuë de trente mille personnes, deux François que ces Peres n'auoient peu racheter au deffaut de finances, se sauuerẽt dans le bord au déceu de tous ceux de l'esquipage, excepté deux de leurs camarades,

La visite faite, la Garde du port leur fait mettre les voiles au vent; ayant euité Scylle ils tombent dans Caribde, on entend murmurer de ces deux Esclaues qui s'estoient eschappés, tout le monde crie qu'il les faut ietter dans la Mer; entr'autres le Patron; les plus posés & qui se seruirent mieux de la raison, ayans appellé tout l'esquipage, composé de cent quatre-vingts hommes, parmy lesquels estoient ces deux malheureux, qui n'attendoient que le coup de la mort, ils representent qu'ils appartenoient aux principaux d'Alger & partant qu'il ne leur falloit pas faire mal, que si pourtant on les renuoyoit pas le R. P. Sebastien qui estoit en ostage couroit risque d'estre bruslé, le Consul François mal traicté, le Visiteur de la Garde du port ietté dans la Mer, que les Galeres estoiet prestes, que si elles couroient sur eux ils estoient en danger d'estre Esclaues tous tant qu'ils estoient, & partant qu'il estoit necessaire pour leur salut de se seruir du manteau de la nuict & les renuoier à terre: conseil qui fut pris, resolu & en suitte executé, & semble que Dieu leur eust donné le calme à ce dessein, veu qu'à mesme temps que la Chalouppe fut de retour, ils eurent vn vent fauorable qui les porta iusques dans le port de Toulon en quatre iours, accompagnés de cent quarante-sept Esclaues libres, François, comme il appert par l'atestation de Messieurs de Toulon, que nous auons iugé estre à propos d'inserer icy mot à mot, pour en apres faire voir le nom des Esclaues rachetez, l'âge & leur pays, & les sommes dont chacun d'eux à esté racheté.

Atteſtation de Meſsieurs de Toulon touchant le Rachapt fait par les RR. Peres de la Mercy.

NOvs Charles Cabaſſon, Barthelemy d'Habac, & Charles Aſtouret Eſcuyers & Conſuls, Lieutenans pour le Roy au Gouuernement de ceſte ville & Cité de Toulon, Seigneurs de la Valdarene ſoubſignez, certifions & atteſtons à tous qu'il appartiendra que les RR. Peres de Noſtre Dame de la Mercy de la Redemption des captifs Chreſtiens, ſont arriuez en ceſte ville de Toulon le 24. du mois d'Auril auec la Barque Patroniſée par Iean Audibert, dit Lombardon, de ladite ville, venant de la ville d'Alger pays de Barbarie, auec quantité d'Esclaues Chrestiens qu'ils ont rachetez, dont les noms & surnoms sont cy-apres exprimez : Et pour estre la verité réelle auons fait expedier le present certificat ausdits RR. Peres par l'vn de nos Archiuaires, aux fins de leur seruir ainsi & pardeuant qu'il appartiendra, & à iceluy fait apposer le cachet des Armoiries de ladite ville. Donné à Toulon ce dernier Auril 1644. Caballon Consul, d'Habac Consul, Astouret Consul, par mandement de Messieurs les Consuls, l'Anthelme Archiuaire.

Rolle

Rolle contenant le nombre, l'âge, le nom, & le pays de ces mesmes Captifs, & la somme dont chacun d'eux a esté racheté.

De la Prouince de Bretagne.

De l'Eueſché de Nantes.

Frederic Toucheron natif de Blin aagé de trente ans, couste 125. piastres, & 30. pour les portes.
Iean Pelault de la Salle, natif de la Roche-Bernard 214. piastres.
Iean Daniel le Poligain aagé de 27. ans 250. piastres.

De l'Eueſché de S. Malo.

Iean de la Marre natif de S. Malo aagé de 14. ans 600. piast.
François Brignon aagé de 22. ans,

500. piaſtres.

Iean Richaume âgé de 20. ans. 400. piaſtres.

Guillaume Gouſſard âgé de 28. ans. 230. piaſtres.

Iacque Rouſſin âgé de 35. ans. 230. p.

Iean Renard âgé de 30. ans. 230. pia.

Iacques Ruffin âgé de 30. ans. 230. p.

Charles Guillot âgé de 30. ans. 140. piaſtres.

Iacques Rouſſeau âgé de 33. ans. 245. Piaſtres & demy.

Oliuier Litré âgé de 33. ans. 145. pia.

Louys Dugué de Cancalle âge de 40. ans. 171. piaſtres.

Pierre Rochetel de la Cité proche de S. Malo âgé de 36. ans. 230. piaſt.

Arēus Fauber âgé de 45. ans. 230. pia.

Iean du Chemin aagé de 28. ans. 125. piaſtres & 30. pour les portes.

Eſtienne Pirou aagé de 30. ans. 125 piaſtres & 30 pour les portes.

De l'Euesché de Vannes.

Guillaume Benoist de l'Isle Dars pres de Vannes aagé de 45. ans 100 piastres & 30. pour les portes.

Yuon Lacor Faquelet natif de Morbian aagé de 15. ans 115. piastres. Celuy-là alloit renier si on ne l'eust racheté, & est encore entre les mains du R.P. Sebastien, l'ostage.

De l'Euesché de S. Brieux.

Baptiste Moisson aagé de 35. ans. 230 piastres.

Iean Massé dit sans' soucy aagé de 40. ans natif de Pleuin. 230. piast.

Des Esueschés de Cornoüaille, Triguier & S. Paul de Leon.

Guillaume Stroum de Nostre Dame de Folguoit Diocese de Leon

aagé de 30 ans 125. piastres & 30 pour les portes.

Gaspar Sens aagé de 33. ans, 134. pia.

Yuon Estienne aagé de 32. ans, natif de Brest 125. piast.

Guillaume Segaran aagé de 35. ans 125. piast.

Matthieu Lourdan aagé de 33. ans 125. piast.

François Seran aagé de 28. ans 125. p.

Normandie.

De l'Eueſché de Coutance.

Iaques Boyuin de Blainuille aagé de 22. ans, 140. piast.

Michel Moreau aagé de 38. ans, de Blainuille 200. piast.

Iean Loyer aagé de 22. ans, de Blainuille 130. piast.

Iulien le Vicomte de Blainuille aagé de 25. ans, 120. piast.

Pierre Martin de Bras 125. piast.

Iulien le Maistre de Granuille 155. piastres.

Il est à remarquer que quatre de ceux-là ont esté prins sur vn vaisseau de S. Malo en Bretagne, en reuenant des terre Neufues.

Iean le Roux de Blainuille aagé de 35. ans, 125. piast.

De l'Eueſché de Roüen.

Salomon Moitié natif de la ville de Dieppe aagé de 47. ans, 146. piast.

Iacques Formentin de Dieppe 125. piast.

De l'Eueſché du Mans.

Mathurin Contard natif de Lucé aagé de 27. ans, 200. piast.

De l'Eueſché d'Angers.

Iacques Chameau d'Angers 125. piast.

De l'Euesché de Paris.

Marin Buch de S. Germain de l'Auxerrois de Paris 125. piast.

Champagne.

De l'Euesché de Reims.

François du Val de Vandresse Diocese de Reims 125. piast.

De Picardie.

De Calais.

Dominique & Philippe Trente freres, de proche de Calais, l'vn aagé de 33. ans, & l'autre de 34. n'ont cousté que les portes à 30. piastres chacun fait 60. piast.

De Poictou.

Iean Breguereau d'Olone 110. p.
Iean Cosmé d'Olone aagé de 31. an 100. piast.

athurin Pigeon d'Olone aagé de 55. ans 125. piast.
Pierre Godefroy d'Olone aagé de 25. ans, 125. piast.
André Breton d'Olone 125. piast.
François Viuant d'Olone aagé de 18. ans, 200. piast.
Iacques Esmir d'Oleron 125. piast.
André Esmir d'Oleron 100. piast.
François Victor de Marenes 125. piastres.
Iean Munier de la Rochelle 125. p.
Iean Tenelot de la Rochelle 125. p.
Michel Guillot d'Oleron 125. p.
Iacques Chantereau de sainct Gilles Diocese de Luçon. 190. p.

De l'Eueschè de Xainctes.

Iacques Baulineau de Rochefort aagé de 28. ans, 125. piast.
François Ioubert de Broüages 125. piastres.

Gascogne.

De l'Eueſché de Bourdeaux.

André Monrou de Meſchu 125. p.

Martial Chaſtaing de Bourdeaux 125. piaſt.

De l'Eueſché de Bayonne.

Pierre Chimel de Guy aagé de 45. ans, natif d'Aſcquen 160. piaſt.

Thomas de Souhibat aagé de 40. ans, natif de S. Iean de Luz 200. p.

Martin d'Aniſtegny aagé de 30. ans, natif de Siboure 150. piaſt.

Marſſans d'Arroupe aagé de 50 ans, natif d'Orogne 100. piaſt.

Iean de Ruger aagé de 40. ans, natif d'Orogne 100. piaſt.

Martin des Champs de Roigna, Baſque, 125. piaſt.

Pierre Agner de Bayonne 125. p.

Pierre

Pierre la Sale de Bearn 125. piast.

De Languedoc.

Anthoine Tournier aagé de 47. ans, natif de la ville d'Ade, 15. piastres & 30. pour les portes.

François Menard de la Briere 125. p.

Iean de Gandobert de Castellano 125. piastres.

Prouence.

D'Aix.

Esprit Messonnier d'Aix en Prouence 200. piastres.

De Marseille.

Claude Seguin de Marseille 300. p.

François Natte aagé de 41. an 300. piastres.

Manuel Faber aagé de 57. ans, 100. piastres

Clement Galliart 300 piast.
Pierre Preyre 300. piast.
Louys Blanc 250. piast.

De Toulon.

Iean Trusau aagé de 48. ans, esclaues depuis 15. ans, 300. piast.
Charles Esteue aagé de 36. ans, esclaue depuis 24. ans, 180. piast.
Iean Maunier 180. piast.
Melchion de Cugis de Toulon 300. piastres.
Esprit Bardy du Martignet 125. p.
François Ysambert du Martignet 125. piast.
Gaspar Guerin habitant de Toulon 130. piast.
Anthoine Guion habitant de Toulon 107. piast.
Anthoine Oliuier 150. piast.
Charles Serry Docteur en Medecine.

Les 64. esclaues sous escrits quelques vns desquels sont desia nommez cy-dessus, selon les Dioceses d'où ils sont, furent prins dans les vaisseaux de l'Hospital de l'armée nauale de France en l'année 1641. & ont esté racheptez par les susdits Peres Redempteurs pour la somme de cent vingt-cinq piastres pour chaque personne.

Champagne 125. piast.
Maistre Marin 125. piast.
Languedoc 125. piast.
Martin Basques 125. piast.
La Guerre 125. piast.
La Bierre 125. piast.
François Baptiste d'Oudon 125. p.
Esprit Bardier 125. piast.
Gaspar Suez 125. piast.
François Doudon 125. piast.

Les trois susdits sont de la ville de Toullon.

Anthoine Dalmas 125. piast.
Michel Vidal 125. piast.
François Porquier 125. piast.
Honoré Porquier 125. piast.
Iacques Audibert 125. piast.
Ioseph Boyer 125. piast.
Pierre Isuard 125. piast.
Augustin Martineau 125. piast.
Iean Iulien 125. piast.
Laurens Iulien 125. piast.
Ces dix sont de Prouence du lieu dit Six-fou.
Iully Boyer 125. piast.
Pierre Bressis 125. piast.
Louys Rougis 125. piast.
Pierre Marin 125. piast.
Denys Vidal 125. piast.
Iean Taulier 125. piast.
Ces six sont du lieu d'Aulier.
Marcelin Pan des Olieres 125. p.
Iean Grard de Curce 125. piast.
Vincent Fournier 125, piast.

Pierre Audibert de la Cieutat 125. p.
Guilhen Monoye 125. piast.
Christofle Gentiloy du Castel 125. p.
Cæsar Henaut de Bauce 125. piast.
Lion Rabes de la Gourdier 125. p.
Estienne Alonche de la Bourdier 125. piast.
Benoist Marscelly de S. Maximin
Iean Bernoin de Beaucaire 125. pia.
Anthoine Vily de Freieux 125. piast.
Pierre Bertrand 125. piast.
Iean Tiché du Luc 125. piast.
Yuon Estienne 125. piast.
Guillaume Segaran 125. piast.
Mathieu Lourdan 125. piast.
François Seran 125. piast.
Ces quatre derniers sont de la basse Bretagne desia nommez.
André Monrou de Meschu Diocecese de Bourdeaux 125. piast.
Iacques Formantin de Dieppe 125. p.
Iacques Esmir d'Oleron 125. piast.

André Esmir d'Oleron 125. piast.
François Victor de Marenes 125. p.
Iean Munier de la Rochelle 125. p.
Iean Tenclot de la Rochelle 125. pia.
Ces deux derniers desia nommez.
François Ioubert de Broüages, nommé, 125. piast.
Iean du Chemin, de S. Malo 125. p.
Estienne Pirou de S. Malo, 125. pia.
Martin du Champs de Roignac, Basque 125. piast.
Pierre Marin de Bras Diocese de Coustance 125. piast.
François Menard de la Bryere en Languedoc. 125. piast.
Pierre la Sale de Bearn. 125. piast.
Michel Guillot, d'Oleron 125. piast.
Girard Manuzel de Coussè Diocese de Langer 125. piast.
Thomas Brague de Breauieu Euesché de Massion 125. piast.
Le R. P. Frere Iacques Courinch

Religieux de l'Ordre de S. François de l'Obſeruance d'Obignac Dioceſe d'Orange 125. piaſt.

Iacques Chameau d'Angers 125. piaſt.

Marin Buch de la Paroiſſe de S. Germain de l'Auxerrois de Paris, 125. piaſt.

Iean de Gandobert de Caſtellano, 125. piaſt.

Martial Chaſtaing de Bourdeaux 125. piaſt.

Louys Iulien de Lioure 125. piaſt.

Laurens Iulien 125. piaſt.

Michel Iulien 125. piaſt.

Iean Sicard 125. piaſt.

Ces trois derniers ſont de Six-fours.

Iean Maurice de la Vicomté de Baieux aagé de 50. ans.

Thomas Rufaut de la Baſtide de Ceron à la Comté de Foix aagé de 100. ans.

Guillaume Bochi de l'Isle Diocese de Lusson.

Iean Bousse d'Olonne Paroisse de S. Hilaire de Talemon.

Pierre Martin de Narbonne.

François Raymon des Sables d'Olone.

Dominique & Philippe Trante de Calais.

Ces huict ayant leurs cartes franches se sont mis sous la protection des susdicts Reuerends Peres Redempteurs, & n'ont cousté que les portes que lesdits Peres ont payé pour eux (sans quoy ils estoient en danger de retourner dans l'esclauage) à raison de trente piastres pour chacune personne, comme ils ont faict pour vn chacun des autres Esclaues rachetez cy-dessus mentionnés. Et est encores à considerer qu'on ne met pas icy pour certaines

nes raisons le nom de plusieurs Captifs.

Voila donc en destail le nombre de cette trouppe Chrestienne arriuée au port de Toulon, & voila ces deux Religieux Redempteurs plus glorieux que Moyse, d'auoir ainsi conduit les Enfans du Fils de Dieu iusques dans leurs terres. Neantmoins les Religieux & les Esclaues rachetés ne peuuent encore quitter le bord ny la Mer. La ville de Toulon s'estonnant de voir vne si grande trouppe de monde, & la méfiance estant mere de sureté, enuoye exprés aux Religieux porter deffence de ne sortir de leur bord, qu'ils n'ayent faict quarantaine, de peur qu'ils ne feussent chargés de mauuais air. Ces pauures Religieux qui n'estoient pas aprentifs à l'obeissance, qui auoient obey à Dieu, à leurs

Superieuras ux Barbares & à la Mer mesme, trouuerent fort doux ce commandement de police, & exciterent leurs trouppes rachetées & libres à la patience, quelques iours s'estans escoulés & Messieurs de Toulon voyant bien qu'il n'y auoit point de danger, leur permirent l'entrée de leur ville.

Lesdits Religieux & les Captifs rachetés furent receus solemnellement, & processionellement par le Clergé de cette ville, qui les fut códuire en la grande Eglise, où le *Te Deum*, fut chanté & autres prieres en action de graces, suiuy de Messieurs de la ville, & d'vne si grande multitude de peuple qu'il est presque incroyable qu'il s'en puisse rencontrer vn si grand nombre en cette ville là.

Les Religieux iugeant que ce

leur seroit vne charge incroiable, & des despens insupportables de conduire tout cet esquipage iusques à Paris, par la route qui leur fut reglée & enuoyée par le tres-Reuerend Pere Prouincial de leur Ordre, à qui ils auoient donné nouuelle de leur arriuée ; conclurent sous son adueu de donner congé à ceux de Toulon, comme ils firent en suite à ceux de Marseille, d'Aix, & d'autre part de la Prouence, arriuant dans lesdits lieux.

Ils se rendirent à Marseille & firent vne procession pompeuse, mais comme on desire esuiter la prolixité en ce petit cayer, aussi en retranche-t'on d'autres & diuers accueils qui leur ont esté faicts en toutes les bonnes villes de France, & suffit de dire, qu'ils passerent de Marseille à Aix, d'Aix à Arles, d'Arles à Auignon, à Nismes, à Montpellier, à Besiers, à Carcassonne, à Castelnaudari, ville depandãte du Diocese de S. Papoul, d'où est originaire le Patriarche de cet Ordre.

Le 21. du mois de May, ils arriuerent à Thoulouse, qui les veit auec des tendresses de ioye, & les Religieux de cet Ordre fondez en cette ville les furent receuoir à la porte S. Michel, & les menerent en leur Conuent au milieu d'vn grand peuple saintement curieux. On n'estend point icy la ceremonie remplie dautant de pieté que de magnificence qui se fit le lendemain iour de l'adorable Trinité: Les Captifs marcherent droict à S. Estienne, à la Daurade, & à S. Sernin vn des plus saincts lieux de la terre, & y rendirent à Dieu de nouuelles actions de graces.

De Thoulouſe ils s'embarquerent ſur la Garonne, & arriuerent à Agen le Mercredy au ſoir, Monſeigneur l'Eueſque leur donna ſa benediction, & dequoy fournir à leur nourriture. Ils deſlogerent, & paſſant à Cadillac ils ſe donnerent l'honneur d'aller ſaluer le Duc d'Eſpernon Gouuerneur pour le Roy en Guyenne, qui fut fort aiſe de voir & de conſiderer ces pauures Eſclaues affranchis.

Bourdeaux les accueillit le Vendredy au ſoir, & furent conduits au Conuent de cet Ordre, & receus par le R. P. Nolaſque Tillot Commandeur de ladite maiſon, qui leur fit d'abord vne exhortation digne de ſon eſprit, & teſmoigna auec ſa Communauté la ioye qu'ils prenoient d'vn ſi bel objet. De vous exprimer l'ordre de la Procession il seroit superflu, il suffira de dire que ces Religieux sont extremement cheris en cette ville. Vne bonne partie des Captifs estans fatiguez de leurs courses, supplierent les Religieux de leur donner congé, disant qu'il leur estoit impossible d'aller à pied iusques à Paris, leur requeste fut appointée, on congedia lors les Gascons, les Basques, ceux de Bearn & quelques Bretons qui trouuant l'occasion d'vn vaisseau qui prenoit route pour S. Malo, se mirent dedans, de telle sorte qu'il ne resta que trente-huit qui partirent de Bourdeaux auec deux Religieux destinez à les conduire le 31. May, & prenant le grand chemin de Paris passerent à Xainctes, à Poictiers, à Amboise, à Blois, à Orleans, & furent par tout receus, auec des admirables ceremonies.

Le 12. de Iuin les deux Religieux & la trouppe Chrestienne dont ils estoient les guides, arriuerent au Bourg-la-Reyne, où ils prirent haleine en attendant les ordres du tres-Reuerend Pere Prouincial qui estoit au mesme Conuent de Paris. Soudain qu'il eut appris leur arriuée il depescha deux de ses Religieux à S. Cloud pour salüer Monseigneur l'Archeuesque, & le prier de permettre qu'on receut en Procession dans la ville cette trouppe lassée, de trente-huit Esclaues, il le permit dautant plus librement qu'il iugea important d'exposer cette trouppe Chrestienne à son peuple, à celle fin de l'exciter à des dignes sentiments de pieté. En suitte de cette permission le tres R. P. Prouincial enuoya ces ordres qui portoient que les deux Religieux & les Esclaues se rēdroient sur le midy chez les R.P. Iacobins du grand Conuent de la ruë S. Iacques, de l'adueu du R. P. Prieur, ce qui fut executé, & aussi-tost qu'on eust aduis qu'ils estoient arriuez au lieu assigné tous les Religieux du Conuent de Paris de cet Ordre sortirent processionellemēt de chez eux, accompagnés de huict ieunes garçons reuestus d'aubes, auec des chapeaux de fleurs sur leur testes & des palmes en leurs mains, & se rendirent en l'Eglise des R. P. Iacobins de S. Iacques, ou le R. P. François Faisant, l'vn des Redempteurs, (l'autre estant demeuré à Marseille pour les affaires de la Redemption) salua le tres R. P. Prouincial, luy baisa l'habit selon l'vsage de l'Ordre, luy fit sa harangue auec vn court recit de son voyage, & luy presenta ces Esclaues, & alors le

cœur

cœur de l'Eglise se trouua remply de plus de cent cinquante Religieux tous habillez de blanc, de cet Ordre tres-illustre de Predicateurs, qui ioignans leurs voix auec leur ioye entonnerent en action de grace vn *Te Deum*, auec autant de rauissement que de solemnité, apres quoy la Procession passa au milieu d'eux rangez des deux costés de la nef, & la Procession receut de l'encens par vn de cette Auguste Compagnie vestu d'vn riche Pluuial, les Esclaues suiuoient dont les deux premiers portoient les estendards de leur liberté, dans l'vn estoit representé Iesus-Christ crucifié & sa sacrée Mere, sous le nom de Nostre Dame de la Mercy, institutrice de l'Ordre, dans l'autre estoient peintes les armes du Pape & de nostre Roy tres-Chrestien : Cette Procession marchant en bel ordre, & à l'air d'vne armée bien rangée, fila le lõg de la ruë S. Iacques, tourna droit au pont S. Michel, entra dans la ruë S. Denis, & gaigna la ruë S. Martin, pour se rendre au Cõuent de la Mercy, où le tres R. P. Ducor Docteur en Theologie, Commandeur dudit Conuent, qui les attendoit, les receut auec sa pieté ordinaire & des tesmoignages de haute charité. De dire icy l'affluence du peuple qui estoit dans les ruës & aux fenestres, tesmoignans par leurs cris les allegresses du rachapt de ces Chrestiens il seroit impossible. Enfin apres auoir chanté le *Te Deum* dans l'Eglise, on les fit entrer dans le Conuent, où on les traicta le plus charitablement que le lieu & la possibilité de la maison le pût permettre.

Le Mardy treiziesme, la Procession accompagnée de ce cher butin, sortit dudit Conuent de la Mercy, fut à l'Eglise de saincte Croix de la Bretonnerie, où les RR. PP. dudit Conuent donnerent des preuues de leur affection enuers les Religieux de cet Ordre & de ces pauures Esclaues, receuant les vns & les autres auec l'estendart de la Redemption, reuestus de Chappes, & le Superieur reuestu d'vn riche Pluuial, accompagné de Diacre & Soudiacre & Acholites donnoit de l'encens. Entrens dans l'Eglise l'orgue & le chœur entonnerent des loüanges au Souuerain Redempteur. Et de là marcha à S. Nicolas des Champs sa Paroisse, où elle fut receuë auec grande ceremonie, par Monsieur le Venerable Curé, orné d'vne riche estole accompagné de la plus-part de ses Ecclesiastiques, qui donna de l'eau beniste à tous les Religieux & aux Esclaues, & prit vn singulier plaisir de voir ces pauures gens rachetés, comme il le fit paroistre en ce qu'il entendit la Messe, qui fut celebrée par le R. P. François Faisan Redempteur, & la Predication, qui fut faicte par le R. P. Nicolas Valette Docteur en Theologie Religieux de ce mesme Ordre, qui pour le peu de temps qu'il eut à se dispofer, fit cognoistre au peuple accouru à la foule, qu'il n'estoit pas sterille en ses hautes conceptions, & reconduisit la procession en mesme estat qu'il l'auoit receuë iusques à la porte de son Eglise, laquelle continua en mesme ordre iusques au Conuent de la Mercy. Et ces pauures Esclaues ayans prins leur refection furent visités de quantité de Seigneurs &

Dames de condition, qui les interrogoient de leurs miseres passées.

Le Mercredy quatorziesme, la Procession alla conduire ces pauures Chrestiens en l'Eglise de S. Louys ruë de S. Anthoine, où la Messe fut chantée solemnellement, & la Predication fut faicte par vn R. P. de cette illustre societé, qui fit assez cognoistre au peuple la solemnité de cette grande Redemption, la necessité qu'il y auoit de faire des aumosnes pour retirer le Religieux qui est en ostage pour les membres de Iesus-Christ, & le reste qui gemit encore sous les fers parmi les barbares Turcs.

Or comme la fin couronne l'œuure, la fin de les faire voir à Paris couronna aussi la Procesion, laquelle le Ieudy quinziesme sortant de la Mercy, alla passer deuant S. Merry,

& deuant S. Eustache, pour se rendre en la Parroisse S. Leu S. Gilles, dont les cloches par leur bruit auoit fait entendre au peuple, que ces pauures gens alloient prier ces saincts Patrons de leur obtenir des graces, à ce qu'ils peussent aller en leurs pays natal, laquelle fut receuë par les Ecclesiastiques de cet Eglise; mais son hõneur s'augmenta de beaucoup & la gloire de cet Ordre esclata dauantage, en ce que deux personnages de haute vertu & estime honorerent cette action de leurs personnes: la Grande Messe fut celebrée solemnellement par Mesire André du Saussay Docteur és Droicts Protonotaire du S. Siege Apostolique, Curé de cette Eglise, Vicaire General & Official de Monseigneur l'Archeuesque de Paris, montrant par cette action de pieté & de Religion, la tendresse qu'il auoit de ces pauures Esclaues, & l'amour special qu'il porte à l'Ordre de la Mercy. Et la predication fut faite par Monseigneur l'Abbé du Plessis Praslin, nommé par sa Majesté à l'Euesché de Cominges, qui par ses subtiles pensées, par ses charmantes antitheses, par son elegance & haute eloquence, fit bien cognoistre qu'il ne possedoit pas moins la doctrine de l'Apostre pour la prescher, qu'il en auoit la pieté pour se charger de son Ministere. La Messe acheuée, la Procession retourna en mesme ordre au Conuent de la Mercy, & à l'ordinaire quantité de personnes vindrent voir ces pauure gens.

Le lendemain vne partie de ces pauures Esclaues furent menés à Ruel, où ils furent presentés à leurs Majestés, il suffit de sçauoir la sagesse du Roy dans son bas âge, & la pieté de la Royne Regente, pour dire & expliquer de quel œil ces pauures gens furent regardés.

Toutes ces pieuses actions finies l'on congedia ces pauures Esclaues, ausquels on donna des souliers, des chemises & de l'argent pour les conduire en leurs domiciles, & bon certificat signé du tres R. P. Prouincial & du Religieux Redempteur. Les vns prindrent la route de Normandie d'où ils estoient ; les autres des autres lieux, & la plus-part d'iceux estant de Bretagne prindrent resolution de s'en aller par Orleans pour de là prendre la riuiere iusques à Nantes, parce qu'ils auoient faict vœu d'aller à saincte Anne en Aurai Euesché de Vannes, deuotion admirable, & qui s'augmente de iour en iour par les miracles de cette grande

grande saincte, & par les prieres qui y sont faictes iour & nuict par les Reuerends Peres Carmes reformés establis en ce lieu. Le R. P. Prouincial iugea à propos de leur donner vn Religieux pour les conduire iusques là. Arriués qu'ils furent à Nantes, ils se donnerent l'honneur de salüer Monseigneur l'Euesque, qui tesmoigna grande ioye de les voir, & notamment en ce qu'il y en auoit de son Diocese, leur donna des preuues de sa pieté, ordonnant à son Ausmonier de leur faire la charité.

Ceux de sainct Malo estants arriués au lieu de leur naissance, ne trouuerent pas auoir assez faict d'actions de graces dans la plus part des Eglises de France, si dans leur ville mesme ils ne rendoient les mesmes actions en ordre de Procession, &

dans ce dessein le Religieux auec la plus part d'eux alla trouuer Messieurs les grands Vicaires & Messieurs du Chapitre, pour obtenir permission de faire Procession, ce qui fut aussi-tost obtenu que demandé. M. les Ecclesiastiques s'offrirent d'assister à cette Procession, qui fut à la verité vne des plus solemnelles qui se soit faicte en pas vn endroit, chaque Captif estoit conduit par deux petits enfants vestus en Anges, & chargés de quantité de pierreries; cette Procession sortit de l'Eglise de S. Sauueur pour se rendre à la grande Eglise, où la Musique entonna le *Te Deum*, & en apres la grande Messe fut celebrée au grand contentement de Messieurs du Clergé, de la Iustice & des Bourgeois, & en suite le R. P. Edmond Egreuille prescha à reprise dans l'Eglise Cathedrale, où il fit voir ce qui estoit du vœu de la Redemption que ceux de son Ordre professent & leur zele au rachapt de ces pauures gens.

Mais si on a veu cette trouppe racheptée par les villes de France, si Paris a admiré la charité des Religieux de la Mercy, & si la Bretagne considere le zele qu'ils ont pour la deliurance de ses Naturels, tout le monde doit auoir des entrailles de compassion pour leur Pere detenu à la place de la plus part desdits Esclaues, qui n'ont pas vaillant vn sol, pour fournir à leur rachapt, & pour plus de deux mille François qui restent encore en Alger, gemissans sous la dure tyrannie de ces Barbares: Helas tout bon François doit icy auoir la pensée & ne feindre point d'emploier ses liberalités pour vn si digne suject, imitant en cela l'Apostre, qui dit, qu'il faut faire du bien à vn chacun, mais principalement aux Domestiques de la Foy. Ce pauure Religieux est François, & il est Prestre, & tout le reste des Esclaues sont Chrestiens & Catholiques, & on est asseuré que les Religieux de la Mercy rendront vn fidel compte de l'employ des deniers de la Redemption, qui leur sont mis entre les mains, par deuant qui il plaira à sa Majesté, conformement à l'Arrest du Conseil priué du Roy, du 6. Aoust 1638. portant partage des Prouinces de France, entre les Peres de la Trinité & eux; Et ordondonnant que sans auoir esgard à l'opposition des Religieux de la tres-saincte Trinité, les lettres patentes du 28. Mars 1636. & Arrest du Conseil du 24. Iuillet audit an, seroient executées selon leur forme & teneur : & pour oster toute difficulté entre les parties, sa Majesté permit, tant audit Religieux de la Trinité, dits Mathurins, qu'aux Religieux de Nostre Dame de la Mercy, de faire conioinctement leurs questes dans l'estenduë de la ville & faux-bourgs de Paris, & à cet effect seront tenus tous les Curez & Marguilliers des Paroisses, de deliurer à chacun d'eux par moitié, ce qui aura esté aumosné par les particuliers, pour le rachapt desdits Captifs, dont les Curez & Marguilliers tiendront registres, & seront tenus faire signer en iceux lesdits Religieux, lors qu'ils mettront les deniers entre leurs mains ; & pour les autres Prouinces du Royaume ordonne, qu'és Prouinces de Bretagne, Languedoc, Guyenne, Angoulmois, Pays d'Aunix, Xainctonge, Quercy, Bearn & Prouence, lesdits Religieux de la Mercy feront seuls les questes, à l'exclusion desdits Religieux de la Trinité, & seront tenus lesdits Religieux tant de la Mercy que de la Trinité, de rendre compte au Conseil de sa Majesté de trois en trois ans, de la recepte & employ desdits deniers. Lequel Arrest fut enregistré au Parlement de Rennes le 15. Mars 1640. portant deffense, du consentement du Procureur General, aux Religieux de la Trinité, de faire queste en ladite Prouince. Lequel Arrest du Conseil si solemnellement donné, a esté encore confirmé de nouueau en plein Conseil, par Arrest du 5. Aoust 1644. signé Carré: auec lettres patentes addressées aux Archeuesques, Euesques, Gouuerneurs & Lieutenans Generaux, Conſeillers des Cours Souueraines, Baillifs, Seneſchaux, & à tous autres Officiers, à ce qu'ils tiennent la main à l'execution deſdits Arreſts. Leſquelles lettres patentes ont eſté enregiſtrées au Parlement de Rennes, du conſentement du Procureur General du Roy, par Arreſt du 5. iour d'Octobre 1644. ſigné Monneraiie, pour en iouïr paiſiblement ſelon la volonté du Roy.

FIN.

ATTESTATION.

ANdré du Saussay, Prestre, Docteur es Droicts, Protonotaire du S. Siege Apostolique, Curé de l'Eglise S. Leu, S. Gilles à Paris, Vicaire General, & Official de Monseigneur l'Archeuesque dudit lieu. Sçauoir faisons que le Ieudy 14. de Iuin, les RR. PP. de l'Ordre de Nostre Dame de la Mercy, Redẽption des Captifs du Cõuent de Paris, sont venus en Procession en nostre Eglise de S. Leu, S. Gilles de nostre licence & permission, conduisants trente-huict Esclaues, du reste de cent cinquante-cinq, racheptés par trois Religieux de leur Ordre en Alger, terre de Barbarie, dont l'vn est demeuré en ostage audit Alger, pour le rachapt de la plus part d'iceux. Ont esté solemnellement receus par nostre Vicaire & autres Ecclesiastiques, & auons celebré la grande Messe, & la Predication y a esté faite par Monsieur l'Abbé du Plessis Praslin, nommé par sa Majesté à l'Euesché de Cominges, à ces pauures Esclaues, & au peuple qui s'y est trouué en grande affluence, & qui a receu grande edification de cette action. En foy de quoy nous auons signé les presentes ce 18. Decembre 1644.

DV SAVSSAY.

Permission de Monsieur le Lieutenant Ciuil.

Il est permis d'Imprimer le present Liure, & le vendre au public, ainsi qu'il est contenu en la permission donnée à Paris le 13. Iuin 1644. signé.

DAVBRAY.

www.ingramcontent.com/pod-product-compliance
Ingram Content Group UK Ltd.
Pitfield, Milton Keynes, MK11 3LW, UK
UKHW021117260726
13994UKWH00002B/925